तड़प - शायरी संग्रह

L.SHIVAM SHAYARI

एल.शिवम विश्वकर्मा

ISBN 979-888629097-4

क्रम-सूची

क्रम-सूची

प्रस्तावना

दोस्तों,यह मेरी पहली प्रकाशित पुस्तक है जो को शायरी का संग्रह है।इसका नाम ही "तड़प" है,जो कि खुद में एक दिल के दर्द का संग्रह है।मैं आपको विश्वास दिलाता हूं कि यह मेरे द्वारा लिखित है, किसी की नकल नहीं है,इसमें लिखे भावनाओं को आप समझिए जो कि मेरे दिल की आवाज है।

"तड़प" मेरे जीवन की पहली शायरी की पुस्तक है जो आप सब के प्रेम और साथ के द्वारा प्रकाशित हुई है, इसके लिए मैं आप सबको तहे दिल से शुक्रिया अदा करता हूं।आशा करता हूं कि आप सब के प्यार से मेरी आगे की पुस्तकें प्रकाशित होंगी जो कि इससे भी जबरदस्त होगी।

धन्यवाद।

    Contact-

E-mail- skguru647@gmail.com

Mob.- 6386178100

Insta I'd -L.Shivam Vishwakarma

भूमिका

लेखक परिचय -

"

नमस्कार दोस्तों; मैं "एल.शिवम विश्वकर्मा" आप सब के लिए '09 फरवरी सन् 2004' को उत्तर प्रदेश के प्रतापगढ़ जिले के "खानीपुर" नामक गांव में जन्म लिया था।मेरी मां का नाम "श्रीमती अमरावती विश्वकर्मा" और मेरे पिता का नाम "श्री स्वामीनाथ विश्वकर्मा" है।मैं हाई स्कूल और इंटर की पढ़ाई प्रयागराज में "गंगा बाल विद्या मंदिर इंटर कॉलेज" से किया हूं।मुझे शायरी लिखना पसंद है और मैं आज आप सबके लिए रुचिकर शायरी लेकर आया हूं।मुझे पूरा विश्वास है की आप सबको मेरी शायरी पसंद आयेगी।

1. तड़प

उनके नाम से भी दिल लगाना बहुत हुआ।
अब क्या ही करे हम बातें उनकी आपसे
हरदिन हररात उन्ही के ख्यालों में खोया रहा
जीने मारने की कसम खाना खिलाना बहुत हुआ।
हम इश्क के जंजाल से निकल तो आए मगर
उनसे किए वादों में फसना फसाना बहुत हुआ।
इश्क में इश्क की सारी हदें पार कर दी मैंने
बिछड़ कर पता चला दुश्मन जमाना बहुत हुआ।
अब छोड़ो भी यार ये इश्क मोहब्बत का खेल,
बीते कल का किस्सा सुनना सुनाना बहुत हुआ।

“L.Shivam Vishwakarma

”

Poetry 2

2. तड़प

जिन्दगी के इस सफर में बहोत से यार मिलेंगे,
हमारे जैसा तुम्हे एक नही हजार मिलेंगे।
हजारों के भीड़ में हमे ना भूल जाना,
क्योंकि हम बार बार नही सिर्फ एक बार मिलेंगे।

हर याद में इक याद है तुम्हारी ये तुम्हें पता तो है,
उसकी आंखों को तलास है तुम्हारी ये तुम्हें पता तो है,
शिवम के दिल में एक तस्वीर छपी है जो मिट
नही रही, वो तस्वीर भी है तुम्हारी ये तुम्हें पता तो है।

Poetry 2

तेरे दिए जख्म का इजहार ना किया जाए तो बेहतर
होगा,
परायों को छोड़ खुद को भी प्यार किया जाए तो
बेहतर होगा,
तेरी निशानियों को संभालते संभालते हम खुद ही
निशाना बन गए,
अब उन निशानियों को मिटा दिया जाए तो बेहतर
होगा।

L.Shivam Vishwakarma

3. तड़प

तुम्हारी जिंदगी में उसके इश्क की कोई
कीमत नही
क्योंकि करोड़ों का इश्क तुझे जो मुफ्त में
मिल गया।
कल तक परेशान करता था जो तुझे वो
अनजान लड़का,
उसकी अखबार में खबर आई है की उदास
होकर मर गया।

Poetry 2

आप हमसे नजरे मिलाना चाहेंगे हम नजर झुकाए
निकल जायेंगे,
ना रखेंगे तुमसे कोई वास्ता पहचानने से मुकर
जायेंगे,
और तेरी मेरी कहानी के पन्नों की जो ढेर है
जला देंगे उसे,
बाकी सारी यादों को समेट कर दिल में ही दफना
देंगे।

हर पल हर घड़ी सिर्फ उन्हें ही याद कर रहा हूं,
वो लौट आए बस रब से यही फरियाद कर रहा हूं,
कोई उसे कह दो यार लौट आए जिंदगी में मेरे,
उसके बिना मैं अपनी जिंदगी बर्बाद कर रहा हूं।

"L.Shivam Vishwakarma"

4. तड़प

हमें रुलाकर वो भी हमसे मुंह मोड़ कर रोए,
कभी न बिछड़ने की कसम तोड़ कर रोए,
जिंदगी भर साथ निभाने का वादा किया था जिसने
आज नजरों के सामने किसी और से गांठ जोड़ कर रोए।

Poetry 2

हुनर मोहब्बत का सीख लिया हमने भी
अब नजर ए तीरंदाज़ सीखना बाकी है।
हमने तो कह दिया अपने दिल की बात
अभी तुम्हारे दिल की बात कहना बाकी है।

L.Shivam Vishwakarma

5. तड़प

मेरी तड़प गर तुम्हारी तड़प बन जाए तो
कैसा होगा?
तू दिल लगाए जिससे वो किसी और का हो
जाए तो कैसा होगा?
फिर जब तुझे मेरी याद आएगी और तू मेरी
होना चाहेगी,
सोचो मैं तुझसे मुकर किसी और का हो
जाऊं तो कैसा होगा?

Poetry 2

तुम पर प्यार जताने से क्या फायदा,
तुम मेरी हो लोगों को बताने से क्या फायदा
जब मैं तुम्हारे दिल की धड़कन ही नहीं,
तो तेरी यादों में रात बिताने से क्या फायदा।

"L.Shivam Vishwakarma"

6. तड़प

तुमसे दूर होकर जबसे हम आजाद हुए है
लगता है पहले के काफी वक्त बरबाद हुए
है।
तुमने खामिया तरास कर छोड़ दिया जो हमे
देखो उन्ही खामियों को दूर कर हम आबाद
हुए है।

Poetry 2

तुझे पाने की चाह में सारा जहां छोड़ दिया,
तुमने मुझे छोड़ दिया तो क्या गुनाह किया,
मोहब्बत करता था कोई ये सब को बताना
मैंने उसे छोड़ दिया बस इतना सा गुनाह किया।

"L.Shivam Vishwakarma"

7. तड़प

मेरी जिंदगी में भी कोई ऐसा हो जो मुझसे
बेपनाह मोहब्बत करे,
बैठी रहे मेरे इंतजार में और अपनी आंखों
को सिर्फ मेरा ही ख्वाब दे,
जो अपनी सारी जिंदगी मेरे साथ जीने का
सपना सजाए रखी हो,
और मेरी हर शायरी का वो अपने शायरी में
ही जवाब दे।

Poetry 2
वो बदलना नहीं चाहती मैं उसे छोड़ना नहीं
चाहता,
वो छोड़ जाए ये मुझे क्या खुदा को भी मंजूर
नहीं,
मैं रातभर जागता रहा उससे बात करने के लिए
उन्हें कोई बताओ यार मैं आशिक हूं उसका
मजदूर नही।

L.Shivam Vishwakarma

8. तड़प

दिल धड़कना रुक गया तो जीने के लिए
तेरा नाम ले लिया,
मैं मर ना जाऊं कहीं तेरे बगैर ये सोचकर
तेरी याद ले लिया,
और जब तेरी यादों को लोग मुझसे धीरे धीरे
छीनते जा रहे थे,
मैं तुम्हे भूल न जाऊं इस डर से कत्ल का
इल्ज़ाम ले लिया।

Poetry 2
कई दिनों बाद, आज वो मेरे पास आए,
लगा मुझे लेकर एक नया एहसाह आए हैं
मैने पूछा कैसी हैं आप,थोड़ा हाल चाल ले लें,
उन्होंने कहा वक्त नहीं है मेरे पास थोड़ा काम से
आए हैं।

"L.Shivam Vishwakarma"

9. तड़प

बैठे बैठे मैं कब से,बस यही सोच रहा था,
कैसे भूल गया की मैं क्या सोच रहा था,
फिर सोचा छोड़ो,ये सोचना समझना बेकार
है,
इतने में याद आया उसे भुलाने की सोच रहा
था।

"

Poetry 2
ये बात दिल की है कुछ तुम भी समझो ना,
मेरी वफाओं को जरा तुम भी समझो ना,
कब तक समझाता रहूंगा की तुमसे प्यार है,
मेरी जान अब कुछ तुम भी समझो ना।

"

L.Shivam Vishwakarma"

10. तड़प

तेरे जाने के बाद तेरी याद ना आये
इसलिए कमरे से तेरी फोटो हटा दूंगा,
करके बेवफाई हमसे तुम कहा जाओगी
मेरे लिखे हुए खत को तुम जला देना।
मै तुम्हे भूल जाऊंगा,तुम भी मुझे भुला
देना।

"

Poetry 2
मोहब्बत के जिस रास्ते पर छोड़ गई थी
आज भी वहीं तुम्हारे इंतज़ार में बैठा हूं।
दिल करता है चले जाने का वहां से
पर तुम आओगी बस इसी आस में बैठा हूं।

"L.Shivam Vishwakarma"

11. तड़प

अपने इश्क से इश्क का मैं जब भी इजहार
करता हूं,
इश्क को लगता है मैं हर बार मजाक करता
हूं,
मैं सोच रहा हूं इश्क में इश्क की खातिर मर
जाऊं
तब इश्क को एहसास होगा की मैं इश्क से
प्यार करता हूं।

तुम आना मेरी मौत का तमाशा देखने
मातम में भी नाम तेरा ही बतलाएंगे
लोग
थी कितनी मोहब्बत हमे तुमसे ये हम
नहीं
जनाजा निकल जाने के बाद तुम्हे
बताएंगे लोग।

"*L.Shivam Vishwakarma*

"

12. तड़प

खुशियों से भरे मेरे लम्हों में तेरा साथ होता,
तो इन लम्हों की बात कुछ और होती।
तेरी यादों में बात कर लेता हूं तस्वीरों से
तेरी
होता अगर तस्वीरों में भी जान तो बात कुछ
और होती।

Poetry 2
मेरी मजबूरियों का फायदा उठाने लगे हैं लोग,
अपनी अपनी औकात मुझे दिखाने लगे हैं लोग,
कल तक जो मेरे यार मेरा मेहबूब हुआ करती थी

यार अब उसे बेवफा कह पुकारने लगे हैं लोग।

"L.Shivam Vishwakarma"

13. तड़प

उसने मुझसे पूछा कई बार बताओ बात क्या है,
सोचा बता दूं आज लेकिन यार उसके यार बहुत है,
डर था कहीं रूठ ना जाए इसलिए बताने चला,
फिर याद आया उसके यार में भी अपने यार बहुत हैं।

Poetry 2

हरपल देखकर हमें यूं मुस्कुराया ना करें,
हमारी गजलों को सबके सामने गुनगुनाया ना करें,
जमाना खराब चल रहा है जान अभी ,
यूं मोहब्बत को अपनी महफ़िल में दिखाया ना करें।

"L.Shivam Vishwakarma"

एल.शिवम विश्वकर्मा

14. तड़प

किसी की बातों से खुद को बदलना कैसा
होगा
अपनी तन्हाइयों में भी खुद को ढालना कैसा
होगा
ये प्यार मोहब्बत की बातें अब छोड़ो भी यार
अब अकेले ही सफर में निकलना कैसा
होगा?

Poetry 2

छोटी सी बात तुम्हे खंजर जितना चुभने लगी,
यहां खंजर से भी गहरे घाव भरने लगे हैं,
तुम्हे खुश करते करते मैं रोने तक आ गया,
और आप हो कि किसी और को हंसाने में लगे हैं।

"L.Shivam VIshwakarma"

15. तड़प

इधर मैं रातभर उसकी याद में तड़पता रहा,
उधर वो रकीब की बाहों के लिए तरसता
रहा,
प्यार के प्यासे हम थे जो प्यास से मरे जा
रहे थे,
मेरा मेहबूब जिस्म की प्यास बुझाने में
बरसता रहा।

"L.Shivam Vishwakarma"

Poetry 2

तेरे सिवा किसी और को दिल में बसाना मुश्किल
है,
अपना दर्द- ए- हाल अपनों से छिपाना मुश्किल
है,
तेरे चले जाने से रूठ गया सारा जहां मेरा मुझसे,
तुम ना आए तो रूठे जहां को अब मनाना
मुश्किल है।

❧❧❧

गुजरे लम्हों को ना याद किया जाय तो अच्छा
होगा,
बीती बातों को भुला दिया जाय तो अच्छा होगा,
जो चले गए गैरों के साथ उनका अब लौट आना
मुश्किल है,
जिंदगी के सफर में उनका इंतजार न किया जाय
तो अच्छा होगा।

"L.Shivam VIshwakarma"

"

❧❧❧

"

16. तड़प

तेरा किसी और के साथ चलना अच्छा नही
लगता,
जो हाथ कभी मेरे हाथ में हुआ करता था ,
वो रकीब के हाथ में अच्छा नही लगता,
मेरी चाहत पर शक करते हुए ये क्यों नही
सोचा
तुम्हारे बगैर तो रहते हैं मगर अच्छा नही
लगता

"

"L.Shivam Vishwakarma"

17. तड़प

अगर मै तेरी चाहत में मर गया तो तू क्या
करेगी?
अगले जनम भी तेरा पीछा किया तो तू क्या
करेगी?
इस जनम तेरा साथ शिवम को नसीब नहीं
तो क्या हुआ,
अगले जनम रिश्ता सीधा तेरे घर ले गया
तो तू क्या करेगी?

Poetry 2
अपने हाथों में उनका हाथ लिए
जिन्दगी की हर एक कसमें खा लिया,
अपनी सारी खुशियां उनके नाम कर
उनके सारे गामो को अपने नाम कर लिया।

"L.Shivam Vishwakarma"

18. तड़प

गुजर जाता है दिन दुनियाभर के कामों से
रातों को तेरी यादों मे खोया रहता हुँ।
सीने पे तेरी तस्वीर रख सो जाता हु,
सोने से पहले पल पल रोया रहता हुँ।

Poetry 2
दिल में तुम्हारे नाम की भीड़ बहुत है,
कहीं मेरे दिल में बसा तेरा शहर तो नहीं।
मैं मर गया तुम्हारी हौले - सी मुस्कान पर,
कहीं तेरा इस तरह मुस्कुराना जहर तो नहीं

"L.Shivam Vishwakarma

"

19. तड़प

शीशा तोड़कर खून से हाथ रंग डाला
शीशा तोड़कर खून से हाथ रंग डाला
जो कभी सोचा नहीं था वो भी कर डाला,
और लिखा था जो नाम बड़े चाव से दिलपर
मिटाते मिटाते उसे खुद को ही मिटा डाला।

Poetry 2

तुम्हे ग़ज़ल सुना कर क्या करना।
यूं दिल की धड़कने बढ़ाकर क्या करना,
तुम्हे आंखों से झलकता प्यार समझ नहीं आता
तो तुम्हे दिल की बात बताकर क्या करना।

“L.Shivam Vishwakarma

”

20. तड़प

चलो मैं मान लिया हूं मैं बेवफा,लेकिन
मुझसे वफा किया किसने?
गुनाह भी किया इश्क करने की
तुझसे,लेकिन उसकी सजा दिया किसने?
आधी उम्र गुजार दी तुझे अपना बनाने
में,आधी गुजार दूंगा तुझे भुलाने में,
अब तुम पूछ रही हो तन्हाई में जीते क्यों
हो तुम्ही बताओ मुझे तन्हा किया किसने?

"

"L.Shivam Vishwakarma"

21. तड़प

उनसे मिलने पर अपनी नजर को झुकाए
रखना,
वो जब झुल्फें सवारेगी,अपने दिल को
समझाए रखना,
देखकर उनकी हसीं रुखसार तुम बहक मत
जाना,
यार तुम रूठे हो उनसे ये बात उन्हें पहले ही
बताए रखना ।

Poetry 2
हम मोहब्बत का खेल सीखने गए
तो झूठे रिश्ते बनाना सिखाया गया,
और यारी दोस्ती को पीछे छोड़
खुद को खुद से मतलबी बनाया गया।

"L.Shivam Vishwakarma"

22. तड़प

बेशक तुम मेरी हर इक बात बताना अपनी
सखियों को
उन्हें भी तो पता चले कितनी सिद्दत से
चाहा है तुझे कोई,
जब बात हो कभी मोहब्बत की तो मेरा नाम
पहले लेना,

बर्बाद हो गया तेरी मोहब्बत में इस कदर
चाहा है तुझे कोई।

Poetry 2

एक रात मैं बैठा अकेली सुनसान राह पर,
था मैं रूठा किसी से,लगा था वो मुझे मनाने
आएगा,
सारी रात गुजर गई वहीं बैठे बैठे अकेली राह पर
परायों को तो छोड़ो जनाब,वो तो अपना है जो
मनाने आएगा।

तड़प - शायरी संग्रह

"L.Shivam Vishwakarma

"

"धन्यवाद दोस्तों,
इसमें लिखे गए शायरियों का उद्देश्य किसी की
भावनाओं से खिलवाड़ करना नहीं है बल्कि मेरा
मकसद सिर्फ आप सबके मनोरंजन के लिए है। आप
सब का प्रेम और साथ बना रहेगा तो मेरी अगली
पुस्तक इससे भी शानदार होगी।"